In St. Jürgen: Novelle (1867)

Theodor Storm

Alpha Editions

This edition published in 2022

ISBN : 9789356903319

Design and Setting By
Alpha Editions
www.alphaedis.com
Email - info@alphaedis.com

IN ST. JÜRGEN

von THEODOR STORM

Novelle (1867)

Es ist nur ein schmuckloses Städtchen, meine Vaterstadt; sie liegt in einer baumlosen Küstenebene, und ihre Häuser sind alt und finster. Dennoch habe ich sie immer für einen angenehmen Ort gehalten, und zwei den Menschen heilige Vögel scheinen diese Meinung zu teilen. Bei hoher Sommerluft schweben fortwährend Störche über der Stadt, die ihre Nester unten auf den Dächern haben; und wenn im April die ersten Lüfte aus dem Süden wehen, so bringen sie gewiß die Schwalben mit, und ein Nachbar sagt's dem andern, daß sie gekommen sind.—So ist es eben jetzt. Unter meinem Fenster im Garten blühen die ersten Veilchen, und drüben auf der Planke sitzt auch schon die Schwalbe und zwitschert ihr altes Lied:

Als ich Abschied nahm, als ich Abschied nahm; und je länger sie singt, je mehr gedenke ich einer längst Verstorbenen, der ich für manche gute Stunde meiner Jugend zu danken habe.

Meine Gedanken gehen die lange Straße hinauf bis zum äußersten Ende, wo das St.-Jürgens-Stift liegt; denn auch unsere Stadt hat ein solches, wie im Norden die meisten Städte von einiger Bedeutung. Das jetzige Haus ist im sechzehnten Jahrhundert von einem unserer Herzöge erbaut und durch den Wohltätigkeitssinn der Bürger allmählich zu einem gewissen Reichtum gediehen, so daß es nun für alte Menschen, die nach der Not des Lebens noch vor der ewigen Ruhe den Frieden suchen, einen gar behaglichen Aufenthaltsort bildet.—Mit der einen Seite streckt es sich an dem St.-Jürgens-Kirchhof entlang, unter dessen mächtigen Linden schon die ersten Reformatoren gepredigt haben; die andere liegt nach dem innern Hofe und einem angrenzenden schmalen Gärtchen, aus dem in meiner Jugendzeit die Pfründnerinnen sich ihr Sträußchen zum sonntäglichen Gottesdienste pflückten. Unter zwei schweren gotischen Giebeln führt ein dunkler Torweg von der Straße her in diesen Hof, von welchem aus man durch eine Reihe von Türen in das Innere des Hauses, zu der geräumigen Kapelle und zu den Zellen der Stiftsleute gelangt.

Durch jenes Tor bin ich als Knabe oft gegangen; denn seitdem, lange vor meiner Erinnerung, die große St.-Marien-Kirche wegen Baufälligkeit abgebrochen war, wurde der allgemeine Gottesdienst viele Jahre hindurch in der Kapelle des St.-Jürgens-Stiftes gehalten.

Wie oft zur Sommerzeit, ehe ich in die Kapellentür trat, bin ich in der Stille des Sonntagsmorgens zögernd auf dem sonnigen Hofe stehengeblieben, den von dem nebenliegenden Gärtchen her, je nach der Jahreszeit, Goldlack-, Nelken- oder Resedaduft erfüllte.—Aber dies war nicht das einzige, weshalb mir derzeit der Kirchgang so lieblich schien; denn oftmals, besonders wenn ich ein Stündchen früher auf den Beinen war, ging ich weiter in den Hof hinab und lugte nach einem von der Morgensonne beleuchteten Fensterchen im obern Stock, an dessen einer Seite zwei Schwalben sich ihr Nest gebaut hatten. Der eine Fensterflügel stand meistens offen; und wenn meine Schritte auf dem Steinpflaster laut wurden, so bog sich wohl ein Frauenkopf mit grauem glattgescheiteltem Haar unter einem schneeweißen Häubchen daraus hervor und nickte freundlich zu mir herab. "Guten Morgen, Hansen", rief ich dann; denn nur bei diesem, ihrem Familiennamen, nannten wir Kinder unsere alte Freundin; wir wußten kaum, daß sie auch noch den wohlklingenden Namen "Agnes" führte, der einst, da ihre blauen Augen noch jung und das jetzt graue Haar noch blond gewesen, gar wohl zu ihr gepaßt haben mochte. Sie hatte viele Jahre bei der Großmutter gedient und dann, ich mochte damals in meinem zwölften Jahre sein, als die Tochter eines Bürgers, der der Stadt Lasten getragen, im Stifte Aufnahme gefunden. Seitdem war eigentlich für uns aus dem großmütterlichen Hause die Hauptperson verschwunden; denn Hansen wußte uns allezeit, und ohne daß wir es merkten, in behagliche Tätigkeit zu setzen; meiner Schwester schnitt sie die Muster zu neuen Puppenkleidern, während ich mit dem Bleistift in der Hand nach ihrer Angabe allerlei künstliche Prendelschrift anfertigen oder auch wohl ein jetzt selten gewordenes Bild der alten Kirche nachzeichnen mußte, das in ihrem Besitze war. Nur eines ist mir später in diesem Verkehr aufgefallen; niemals hat sie uns ein Märchen oder eine Sage erzählt, an welchen beiden doch unsere Gegend so reich ist; sie schien es vielmehr als etwas Unnützes oder gar Schädliches zu unterdrücken, wenn ein anderer von solchen Dingen anheben wollte. Und doch war sie nichts weniger als eine kalte oder phantasielose Natur. —Dagegen hatte sie an allem Tierleben ihre Freude; besonders liebte sie die Schwalben und wußte ihren Nesterbau erfolgreich gegen den Kehrbesen der Großmutter zu verteidigen, deren fast holländische Sauberkeit sich nicht wohl mit den kleinen Eindringlingen vertragen konnte. Auch schien sie das Wesen dieser Vögel genauer beobachtet zu haben. So entsinne ich mich, daß ich ihr einst eine Turmschwalbe brachte, die ich wie leblos auf dem Steinpflaster des Hofes gefunden hatte. "Das schöne Tier wird sterben", sagte ich, indem ich traurig das glänzende braunschwarze Gefieder streichelte; aber Hansen schüttelte den Kopf. "Die?" sagte sie, "das ist die Königin der Luft; ihr fehlt nichts als der freie Himmel! Die Angst vor einem Habicht wird sie zu Boden geworfen haben; da hat sie mit den langen Schwingen sich nicht helfen können." Dann gingen wir in den Garten; ich mit der Schwalbe, die ruhig in meiner Hand lag, mich mit den großen braunen Augen ansehend. "Nun wirf sie in die Luft!" rief Hansen. Und staunend sah ich, wie, von meiner Hand geworfen, der scheinbar leblose Vogel gedankenschnell seine Schwingen ausbreitete und mit hellem Zwitscherlaut wie ein befiederter Pfeil in dem sonnigen Himmelsraum dahinschoß. "Vom Turm aus", sagte Hansen, "solltest du sie fliegen sehen; das heißt von dem Turm der alten Kirche, der noch ein Turm zu nennen war."

Dann, mit einem Seufzer meine Wangen streichelnd, ging sie ins Haus zurück an die gewohnte Arbeit. "Weshalb seufzt denn Hansen so?" dachte ich.— Die Antwort auf diese Frage erhielt ich erst viele Jahre später, aus einem mir damals gänzlich fremden Munde.

Nun war sie in den Ruhestand versetzt, aber ihre Schwalben hatten sie zu finden gewußt, und auch wir Kinder wußten sie zu finden. Wenn ich am Sonntagmorgen vor der Kirchzeit in das saubere Stübchen der alten Jungfrau trat, pflegte sie schon im feiertäglichen Anzuge vor ihrem Gesangbuche zu sitzen. Wollte ich dann neben ihr auf dem kleinen Kanapee Platz nehmen, so sagte sie wohl: "Ei was, da siehst du ja die Schwalben nicht!" Dann räumte sie einen Geranien- oder einen Nelkenstock von der Fensterbank und ließ mich in der tiefen Fensternische auf ihrem Lehnstuhl niedersetzen. "Aber so fechten mit den Armen darfst du nicht", fügte sie dann lächelnd hinzu; "so junge muntere Gesellen sehen sie nicht alle Tage!" Und dann saß ich ruhig und sah, wie die schlanken Vögel im Sonnenscheine ab und zu flogen, ihr Nest bauten oder ihre Jungen fütterten, während Hansen mir gegenüber von der Herrlichkeit der alten Zeit erzählte; von den Festen im Hause meines Urgroßvaters, von den Aufzügen der alten Schützengilde oder—und das war ihr Lieblingsthema—von der Bilder- und Altarpracht der alten Kirche, in der sie selbst noch zur Enkelin des letzten Türmers Gevatter gestanden hatte; bis dann endlich von der Kapelle her der erste Orgelton zu uns herüberbrauste. Dann stand sie auf, und wir gingen miteinander durch einen schmalen endlosen Korridor, welcher nur durch die verhangenen Türfensterchen der zu beiden Seiten liegenden Zellen ein karges Dämmerlicht empfing. Hier und dort öffnete sich eine dieser Türen, und in dem Schein, der einige Augenblicke die Dunkelheit unterbrach, sah ich alte, seltsam gekleidete Männer und Frauen auf den Gang hinausschlurfen, von denen die meisten wohl schon vor meiner Geburt aus dem Leben der Stadt entschwunden waren. Gern hätte ich dann dies oder jenes gefragt; aber auf dem Wege zur Kirche hatte ich von Hansen keine Antwort zu erwarten; und so gingen wir denn schweigend weiter, am Ende des Ganges Hansen mit der alten Gesellschaft auf einer Hintertreppe nach unten zu den Plätzen der Stiftsleute, ich oben auf das Chor, wo ich träumend dem sich drehenden Glockenspiel der Orgel zusah und, wenn unser Propst die Kanzel bestiegen hatte—ich will es gestehen—, seine gewiß wohlgesetzte Predigt meist nur wie ein eintöniges

Wellengeräusch und wie aus weiter Ferne an mein Ohr dringen fühlte; denn unter mir, gegenüber, hing das lebensgroße Porträt eines alten Predigers mit langen schwarzkrausen Haaren und seltsam geschorenem Schnurrbart, das bald meine ganze Aufmerksamkeit in Anspruch zu nehmen pflegte. Mit den melancholischen schwarzen Augen blickte es so recht wie aus der dumpfen Welt des Wunder- und Hexenglaubens in die neue Zeit hinauf und erzählte mir weiter von der Stadt Vergangenheit, wie es in den Chroniken zu lesen stand, bis hinab zu dem bösen Stegreifjunker, dessen letzte Untat einst das Epitaphium des Ermordeten in der alten Kirche berichtet hatte.—Freilich, wenn dann plötzlich die Orgel das "Unsern Ausgang segne Gott" einsetzte, so schlich ich mich meist verstohlen wieder ins Freie; denn es war kein Spaß, dem Examen meiner alten Freundin über die gehörte Predigt standhalten zu müssen.

Von ihrer eigenen Vergangenheit pflegte Hansen nicht zu erzählen; ich war schon ein paar Jahre lang Student gewesen, als ich bei einem Ferienbesuch in der Heimat darüber zum ersten Mal etwas von ihr erfuhr.

Es war im April, an ihrem fünfundsechzigsten Geburtstage. Wie in früheren Jahren, so hatte ich ihr auch heute die beiden hergebrachten Dukaten von der Großmutter und einige kleine Geschenke von uns Geschwistern überbracht und war von ihr mit einem Gläschen Malaga bewirtet worden, den sie für solche Tage in ihrem Wandschränkchen aufbewahrte. Nachdem wir ein Weilchen geplaudert hatten, bat ich sie, mir heute, wie ich schon lange gewünscht, den Festsaal zu zeigen, in dem seit Jahrhunderten die Vorsteher der Stiftung nach der jährlichen Rechnungsablage ihre Schmäuse zu feiern pflegten. Hansen willigte ein, und wir gingen miteinander den dunkeln Korridor entlang; denn der Saal lag jenseits der Kapelle am andern Ende des Hauses. Als ich beim Hinabsteigen der Hintertreppe ausglitt und die letzten Stufen hinabstolperte, wurde unten auf dem Flur eine Tür aufgerissen, und der unheimliche nackte Kopf eines neunzigjährigen Mannes reckte sich daraus hervor. Er murmelte ein paar halbverständliche Scheltworte und stierte uns dann, bis wir durch die Tür der Kapelle traten, mit den verglasten Augen nach.

Ich kannte ihn wohl; die Stiftsleute hießen ihn den "Spökenkieker"; denn sie behaupteten, er könne "was sehen".

"Die Augen könnten einen fürchten machen", sagte ich zu Hansen, als wir durch die Kapelle gingen.

Sie meinte: "Er sieht dich gar nicht; er sieht nur noch rückwärts in sein eignes törichtes und sündhaftes Leben."

"Aber", erwiderte ich scherzend, "er sieht doch dort in der Ecke die offenen Särge stehen, während die darin liegen, noch lebend unter euch umherwandern."

"Das sind auch nur Schatten, mein Kind; er tut nichts Arges mehr. Freilich", setzte sie hinzu, "ins Stift gehörte er nicht und hat auch nur auf eine der Freistellen des Amtmanns hineinschlüpfen können; denn wir andern müssen unsere bürgerliche Reputation nachweisen, ehe wir hier angenommen werden."

Wir hatten inzwischen den Schlüssel bei der Wirtschafterin abgelangt und stiegen nun die Treppe zu dem Festsaal hinauf.—Es war nur ein mäßig großes, niedriges Gemach, das wir betraten. An der einen Wand sah man eine altertümliche Stutzuhr aus dem Nachlaß einer hier Verstorbenen, an der gegenüberstehenden hing das lebensgroße Bild eines Mannes in einfachem rotem Wams; sonst war das Zimmer ohne Schmuck. "Das ist der gute Herzog, der das Stift gebaut hat", sagte Hansen; "aber die Menschen genießen seine Gaben und denken nicht mehr an ihn, wie er es doch bei seiner Lebzeit wohl gewünscht hat."

"Aber du gedenkst ja seiner, Hansen."

Sie sah mich mit ihren sanften Augen an. "Ja, mein Kind", sagte sie, "das liegt so in meiner Natur; ich kann nur schwer vergessen."

Die Wände nach der Straße und nach dem Kirchhofe hatten eine Reihe Fenster mit kleinen in Blei gefaßten Scheiben; und in jeder fast war ein Name, meist aus mir bekannten angesehenen Bürgerfamilien, mit schwarzer Farbe eingebrannt; darunter: "Speisemeister dahier Anno—", und dann folgte die betreffende Jahreszahl.

"Siehst du, das ist dein Urgroßvater", sagte Hansen, indem sie auf eine dieser Scheiben wies; "den vergesse ich auch nicht; mein Vater hat bei ihm die Handlung gelernt und später oft Rat und Tat bei ihm geholt; leider, in der schwersten Zeit, da hatte er schon seine Augen zugetan."

Ich las einen andern Namen: "Liborius Michael Hansen, Speisemeister Anno 1799."

"Das war mein Vater!" sagte Hansen.

"Dein Vater? Wie kam es denn eigentlich—?"

"Daß ich mein halbes Leben gedient habe, meinst du, während ich doch zu den Honoratiorentöchtern gehörte?"

"Ich meine, was war es eigentlich wodurch das Unglück über deine Familie kam?"

Hansen hatte sich auf einen der alten Lederstühle gesetzt. "Das war nichts Besonderes, mein Kind", sagte sie; "es war Anno sieben, zur Zeit der Kontinentalsperre; damals florierten die Spitzbuben, und die ehrlichen Leute gingen zugrunde. Und ein ehrlicher Mann war mein Vater!—Er hat den Namen auch mit ins Grab genommen", fuhr sie nach einem kurzen Schweigen fort. "Ich sehe es noch, wie er mir einst, da wir miteinander durch die Krämerstraße gingen, ein altes, nun längst verschwundenes Haus zeigte. "Merke dir das", sagte er zu mir, "hier wohnte Anno 1549, da am Sonntage Jubilate die große Feuersbrunst ausbrach, der fromme Kaufmann Meinke Graveley. Da die Flammen heranbrausten, sprang er mit Elle und Waage auf die Gasse und flehte zu Gott, wenn er je mit Wissen und Willen seinen Nächsten um eines Körnleins Wert geschädiget, so möge sein Haus nicht verschont bleiben. Aber die Flamme sprang darüber hin, während alles rings in Asche fiel.

"Siehst du, mein Kind", setzte mein Vater hinzu, indem er seine Hände in die Höhe hob, "das könnte auch ich tun; und auch über unser Haus würde die Strafe des Herrn hinweggehen."—Hansen sah mich an. "Der Mensch soll sich nicht rühmen", sagte sie dann. "Du bist nun alt genug, daß ich dir es wohl erzählen mag; du mußt doch von mir wissen, wenn ich nicht mehr bin. —Mein guter Vater hatte eine Schwäche; er war abergläubig. Diese Schwäche brachte ihn dahin, daß er in den Tagen der äußersten Not etwas beging, das ihm bald das Herz brach; denn er konnte seitdem die Geschichte von dem frommen Kaufmann nicht mehr erzählen.

In dem Hause neben uns wohnte ein Tischlermeister. Als er mit seiner Frau frühzeitig verstarb, wurde mein Vater der Vormund seines nachgelassenen Sohnes. Harre—diesen friesischen Namen führte der Knabe—las gern in den Büchern und war auch schon in der Tertia unserer Lateinischen Schule; aber die Mittel reichten doch nicht zum Studieren; und so blieb er denn bei dem Handwerk seines Vaters. Als er später Geselle wurde und nach zweijähriger Wanderung wieder eine Zeitlang bei einem Meister gearbeitet hatte, wurde es auch bald bekannt, daß er zu den feineren Arbeiten in seinem Fach ein besonderes Geschick habe. Wir beide waren miteinander aufgewachsen; als er noch in der Lehre war, las er mir oft aus den Büchern vor, die er sich von seinen früheren Schulkameraden geliehen hatte. Du weißt, wir wohnten am Markt in dem Erkerhause dem Rathause gegenüber; da steht noch jetzt ein mächtiger Buchsbaum im Garten. Wie oft haben wir mit unserem Buche unter diesem Baum gesessen, während über uns die Bienen in den kleinen grünen Blüten summten!—Nach seiner Rückkehr war das nicht anders geworden, er kam oft in unser Haus; mit einem Wort, mein lieber Junge, wir beiden hatten uns gern und suchten das auch nicht zu verbergen.

Meine Mutter lebte nicht mehr; was mein Vater dazu dachte und ob er überhaupt etwas darüber gedacht, das hab ich nie erfahren. Auch kam es nicht so weit, daß es ein rechtes Verlöbnis wurde.

Eines Morgens in den ersten Frühlingstagen war ich in unsern Garten gegangen; die Krokus und die roten Leberblumen schickten sich schon an zu blühen, es war alles ringsumher so jung und frisch; aber mir selbst war schwer zu Sinne; die Sorgen meines Vaters drückten auch mich. Obwohl er niemals über seine Angelegenheiten zu mir geredet, so fühlte ich doch, daß es immer schneller abwärts ging. In den letzten Monaten hatte ich den Stadtdiener oft und öfter in die Schreibstube gehen sehen; war er fort, so verschloß mein Vater sich stundenlang; und von manchem Mittagessen stand er auf, ohne die Speisen berührt zu haben. In der letzten Woche hatte er einen ganzen Abend damit zugebracht, sich die Karten zu legen; auf meine wie im Scherz hingeworfene Frage, worüber er denn Auskunft von seinem Orakel erwarte, hatte er mich stumm mit der Hand zurückgewiesen und war dann später mit einem kurzen "Gute Nacht" in seine Kammer gegangen.

Das alles lag mir auf dem Herzen; und meine Augen, die nach innen sahen, wußten nichts von dem klaren Sonnenschein, der draußen die ganze Welt verklärte. Da hörte ich unten von der Marsch herauf die Lerchen singen; und du weißt es ja wohl, mein Kind, in der Jugend ist das Herz noch so leicht, der kleinste Vogel trägt es mit empor. Mir war plötzlich, als sähe ich über allen Dunst der Sorge hinweg in eine sonnige Zukunft; als brauchte ich nur den Fuß hineinzusetzen. Ich weiß noch, wie ich an den Beeten hinkniete und mit welcher Freude ich nun die Knospen und das junge Grün betrachtete, das überall aus dem Schoß der Erde hervortrieb. Ich dachte auch an Harre und zuletzt, glaub ich, nur an ihn. Indem hörte ich die Gartentür aufklinken, und wie ich aufsah, kam er selber mir entgegen.

Ob auch ihn die Lerche froh gemacht hatte—er sah aus wie die Hoffnung selbst. "Guten Morgen, Agnes", rief er, "weiß du was Neues—?"

"Ist's denn was Gutes, Harre?"

"Versteht sich, was sollt es sonst wohl sein! Ich will Meister werden und das in allernächster Zeit."

Kannst du wohl denken, daß ich ordentlich erschrak! Denn ich dachte doch gleich: Mein Gott, nun braucht er auch die Frau Meisterin!

Ich mag wohl ganz verdutzt ausgesehen haben; denn Harre fragte mich: "Fehlt dir etwas, Agnes?"

"Mir, Harre? Ich glaube nicht", sagte ich. "Der Wind wehte so kühl über mich hin."—Das war nun wohl gelogen; allein der liebe Gott hat es nun einmal so eingerichtet, daß wir in solchem Fall nicht sagen können, was der andere eben hören will.

"Aber mir fehlt nun etwas", sagte Harre, "das Allerbeste fehlt mir!"

Ich antwortete nichts hierauf, kein Wörtlein. Auch Harren ging eine Weile schweigend neben mir; dann fragte er auf einmal: "Was meinst du, Agnes, ob es wohl schon geschehen ist, daß eine Krämerstochter einen Tischlermeister geheiratet hat?"

Als ich aufsah und er mich mit seinen guten braunen Augen so bittend anblickte, da gab ich ihm die Hand und sagte ebenso: "Das wird wohl nun zum erstenmal geschehen."

"Agnes", rief Harre, "was werden die Leute sagen!"

"Ich weiß nicht, Harre.—Aber wenn nun die Krämerstochter arm wäre?"

"Arm, Agnes?" und er faßte mich so recht lustig bei beiden Händen, "ist denn jung und hübsch noch nicht genug?"

Es war ein glücklicher Tag damals; die Frühlingssonne schien, wir gingen Hand in Hand; und während wir schwiegen, sangen über uns die Lerchen aus tausend hellen Kehlen. So waren wir unmerklich an den Brunnen gekommen, der an der Holunderwand des Gartens dem Hause gegenüber lag. Ich blickte über die Brettereinfassung in die Tiefe hinab. "Wie drunten das Wasser glitzert!" sagte ich.

Das Glück macht mutwillig; Harre wollte mich necken. "Das Wasser?" sagte er. "Das ist das Gold, das aus der Tiefe funkelt." Ich wußte nicht, was er damit meinte.

"Weißt du denn nicht, daß ein Schatz in eurem Brunnen liegt?" fuhr er fort. "Guck nur genau zu; es sitzt ein graues Männlein mit dreieckigem Hut auf dem Grunde. Vielleicht ist's auch nur das brennende Licht in seiner Hand, das drunten so seltsam glitzert; denn er ist der Hüter des Schatzes."

Mir flog die Not meines Vaters durch den Sinn. Harre hob einen Stein auf und warf ihn hinab, und es dauerte eine Weile, ehe ein dumpfer Schall zu uns zurückkam. "Hörst du, Agnes?" sagte er, "das traf auf die Kiste."

"Harre, red vernünftig!" rief ich, "was treibst du für Narrenspossen!"

"Ich spreche nur nach, was die Leute vorsprechen!" erwiderte er.

Aber meine Neugierde war geweckt, vielleicht auch die Begierde nach den unterirdischen Reichtümern, die aller Not ein Ende machen konnten.

"Woher hast du das Gerede?" fragte ich nochmals, "ich habe doch nie davon gehört."

Harre sah mich lachend an: "Was weiß ich! von Hans oder Kunz, ich glaub, am letzten Ende kommt es von dem Halunken, dem Goldmacher."

"Von dem Goldmacher?"—Mir kamen allerlei Gedanken. Der Goldmacher war ein herabgekommener Trödler; er konnte segnen und raten, Menschen und Vieh besprechen und alle die andern Geheimnisse, womit derzeit noch bei den Leichtgläubigen ein einträgliches Geschäft zu machen war. Es ist derselbe, den sie jetzt den Spökenkieker nennen, welchen Namen er grade so gut wie seinen damaligen verdient hat. Er war in den letzten Tagen, da ich eben auf der Außendiele zu tun hatte, ein paarmal in meines Vaters Schreibstube gegangen und hatte sich dann, ohne auf sein demütig gesprochenes "Herr Hansen bei der Hand?" meine Antwort abzuwarten, mit scheuem Blick an mir vorbeigeschoben. Einmal war er fast eine Stunde drinnen gewesen; kurz vor seinem Fortgehen hatte ich das mir wohlbekannte Pult meines Vaters aufschließen hören; dann war mir gewesen, als vernehme ich das Klirren von Geldstücken. Das alles kam mir jetzt in den Sinn.

Aber Harre rüttelte mich auf. "Agnes, träumst du?" rief er, "Oder willst du Schätze graben?" Ach, er kannte nicht die Not meines Vaters; ihm lag nur die eigene Zukunft in Gedanken, in die auch ich hineingehörte. Er ergriff meine beiden Hände und rief fröhlich: "Wir brauchen keine Schätze, Agnes; mein kleines Erbteil hat dein Vater schon für mich erhoben; das reicht hin, um Haus und Werkstatt einzurichten. Und für das Weitere", fügte er lächelnd hinzu, "laß diese nicht ganz ungeschickten Hände sorgen!"

Ich vermochte seine hoffnungsreichen Worte nicht zu erwidern; der Schatz und der Goldmacher lagen mir im Sinn; ich weiß nicht, war es eine tollkühne Hoffnung oder der Schatten eines drohenden Unheils, was mir die Brust beklemmte. Vielleicht ahnte es mir, daß kurz darauf der Schatz meines ganzen Lebens in diesen Brunnen fallen würde.

Am andern Tage war ich nach einem benachbarten Dorfe hinausgefahren, wo die uns verwandte Predigerfrau sich wegen Erkrankung eines Kindes meine Hülfe erbeten hatte. Aber ich hatte keine Ruhe dort; mein Vater war in den letzten Tagen so still und doch wieder so unruhig gewesen; ich hatte ihn im Garten auf und ab rennen, dann wieder am Brunnen stehen und in die Tiefe hinabstarren sehen; mir wurde angst, er könne sich ein Leides antun. Am dritten Tage glaubte ich mich zu entsinnen, daß er mich auf eine seltsam hastige Weise zu der Reise hingedrängt hatte; je mehr es gegen die Nacht ging, je beklommener wurde mir. Da gegen zehn Uhr der Mond aufging, so bat ich meinen Vetter, mich noch heute zur Stadt fahren zu lassen. Und so geschah es; nachdem er mir vergebens meine Unruhe auszureden gesucht hatte, wurde angespannt; und als es Mitternacht vom Turme schlug, hielt der Wagen vor unserm Hause. Es schien alles zu schlafen; erst als ich eine Zeitlang geklopft hatte, wurde drinnen die Kette abgehakt, und der Lehrling, der seine Kammer unten auf dem Flur hatte, öffnete die Haustür. Es war alles, wie es immer gewesen. "Ist der Herr zu Haus?" fragte ich.

"Der Herr ist schon um zehn Uhr schlafen gegangen", war die Antwort.

Ich stieg leichteren Herzens nach meiner Kammer hinauf, deren Fenster nach dem Garten lagen.—Die Nacht draußen war so hell, daß ich, ohne Licht zu machen, noch einmal ans Fenster trat. Der Mond stand über der Holunderwand, deren noch unbelaubte Zweige sich scharf gegen den Nachthimmel abzeichneten; und meine Gedanken gingen mit meinen Augen über diese Erde hinaus zu dem großen liebreichen Gott, dem ich all meine Sorgen anvertraute.—Da, wie ich eben in das Zimmer zurücktreten wollte, sah ich plötzlich aus der Röhre des Brunnens, welcher dort im Schatten lag, eine rote Glut emporlodern; ich sah die am Rande wuchernden Grasbüschel und dann darüberher die Zweige des Gebüsches wie in goldenem Feuer schimmern. Mich überfiel eine abergläubische Furcht; denn ich dachte an die Kerze des grauen Männleins, das drunten auf dem Grunde hocken sollte. Als ich aber schärfer hinblickte, bemerkte ich eine Leiter an der Brunnenwand, von der jedoch nur das oberste Ende von hier aus sichtbar war. Im selben Augenblicke hörte ich einen Schrei aus der Tiefe; dann ein Gepolter; und ein dumpfes Getöse von Menschenstimmen scholl herauf. Mit einem Male erlosch die Helligkeit; und ich hörte deutlich, wie es sprossenweise an der Leiter emporklomm.

Die Gespensterfurcht verließ mich; aber statt dessen beschlich mich eine unklare Angst um meinen Vater. Mit zitternden Knien ging ich nach seiner Schlafkammer, die neben der meinen lag. Als ich behutsam die Gardine von seinem Bette zurückzog, da beschien der Mond die leeren Kissen; sein armer Kopf hatte wohl schon längst nicht mehr die Ruhe darauf gefunden; jetzt waren sie gänzlich unberührt. In Todesangst lief ich die Treppe hinab nach der Hoftür; aber sie war verschlossen und der Schlüssel abgezogen. Ich ging in die Küche und zündete Licht an; dann nach der Schreibstube, die ebenfalls ihre Fenster nach dem Garten hatte. Eine Zeitlang stand ich ratlos am Fenster und starrte hinaus; ich hörte Tritte zwischen den Holunderbüschen, aber ich konnte nichts unterscheiden; denn die dahinterstehende Planke verbreitete trotz des Mondscheins tiefen Schatten. Da hörte ich draußen die Hoftür aufschließen, und bald darauf wurde auch die Stubentür geöffnet. Mein Vater trat herein.—Ich bin so alt geworden, aber ich habe es nicht vergessen; sein langes graues Haar triefte von Wasser oder Schweiß; seine Kleider, die er sonst so peinlich sauber hielt, waren überall mit grünem Schlamm besudelt.

Er fuhr sichtbar zusammen, als er mich erblickte. "Was ist das! Wie kommst du hieher?" sagte er hart.

"Der Vetter ließ mich herfahren, Vater!"

"Um Mitternacht?—Das hätte er können bleibenlassen."

Ich sah meinen Vater an; er hatte die Augen niedergeschlagen und stand unbeweglich. "Es ließ mir keine Ruhe", sagte ich, "Mir war, ich sei hier nötig, als müsse ich zu dir."

Der alte Mann ließ sich auf einen Stuhl sinken und bedeckte sein Gesicht mit beiden Händen. "Geh in deine Kammer", murmelte er; "ich will allein sein."

Aber ich ging nicht. "Laß mich bei dir bleiben", sagte ich leise. Mein Vater hörte nicht auf mich; er erhob den Kopf und schien nach draußen hinzuhorchen. Plötzlich sprang er auf. "Still!" rief er, "hörst du's?" und sah mich mit weit offenen Augen an.

Ich war ans Fenster getreten und sah hinaus. Es war alles tot und stille; nur die Holunderzweige schlugen, vom Nachtwinde bewegt, gegeneinander. "Ich höre nichts!" sagte ich.

Mein Vater stand noch immer, als höre er auf etwas, das ihn mit Entsetzen erfüllte. "Ich meinte, es sei keine Sünde", sprach er vor sich hin; "es ist kein gottloses Wesen dabei, und der Brunnen steht, bis jetzt wenigstens, auf meinem Grund." Dann wandte er sich zu mir. "Ich weiß, du glaubst nicht daran, mein Kind", sagte er, "aber es ist dennoch gewiß; die Rute hat dreimal geschlagen, und die Nachrichten, die ich nur zu teuer habe bezahlen müssen, stimmen alle überein; es liegt ein Schatz in unserm Brunnen, der zur Schwedenzeit darin vergraben ist. Warum sollte ich ihn nicht heben!—Wir haben die Quelle abgedämmt und das Wasser ausgeschöpft, und heute nacht haben wir gegraben."

"Wir?" fragte ich. "Von welchem andern sprichst du?"

"Es ist nur einer in der Stadt, der das versteht."

"Du meinst doch nicht den Goldmacher? Das ist kein guter Helfer!"

"Es ist nichts Gottloses mit dem Rutenschlagen, mein Kind."

"Aber die es treiben, sind Betrüger."—Mein Vater hatte sich wieder auf den Stuhl gesetzt und sah wie zweifelnd vor sich hin. Dann schüttelte er den Kopf und sagte: "Der Spaten klang schon darauf; aber da geschah etwas"; —und sich unterbrechend, fuhr er fort: "Vor achtzehn Jahren starb deine Mutter; als sie es inne wurde, daß sie uns verlassen müsse, brach sie in ein bitteres Weinen aus, das kein Ende nehmen wollte, bis sie in ihren Todesschlaf verfiel. Das waren die letzten Laute, die ich aus deiner Mutter Mund vernahm." Er schwieg einen Augenblick, dann sagte er zögernd, als scheue er sich vor dem Laut seiner eignen Stimme: "Heute nacht, nach achtzehn Jahren, da der Spaten auf die Kiste stieß, habe ich es wieder gehört. Es war nicht bloß in meinem Ohr, wie es all die Jahre hindurch so oft gewesen ist;

unter mir, aus dem Grund der Erde kam es herauf.—Man darf nicht sprechen bei solchem Werk; aber mir war, als schnitte das Eisen in deiner toten Mutter Herz.—Ich schrie laut auf, da erlosch die Lampe, und—siehst du", setzte er dumpf hinzu, "deshalb ist alles wieder verschwunden."

Ich warf mich vor meinem Vater auf die Knie und legte meine Hände um seinen Nacken. "Ich bin kein Kind mehr", sagte ich, "laß uns zusammenhalten, Vater; ich weiß, das Unglück ist in unser Haus gekommen."

Er sagte nichts; aber er lehnte seine feuchte Stirn an meine Schulter; es war das erste Mal, daß er an seinem Kinde eine Stütze suchte. Wie lange wir so gesessen haben, weiß ich nicht. Da fühlte ich, daß meine Wangen von heißen Tränen naß wurden, die aus seinen alten Augen flossen. Ich klammerte mich an ihn. "Weine nicht, Vater", bat ich, "wir werden auch die Armut ertragen können."

Er strich mit seiner zitternden Hand über mein Haar und sagte leise, so leise, daß ich es kaum verstehen konnte: "Die Armut wohl, mein Kind, aber nicht die Schuld."

Und nun, mein Junge, kam eine bittere Stunde; aber eine, die noch jetzt in meinem Alter mir als die trostvollste meines Lebens erscheint. Denn zum ersten Male konnte ich meinem Vater die Liebe seines Kindes geben; und von jenem Augenblicke an blieb sie ihm das Teuerste und bald auch das letzte, was er auf Erden noch sein nannte. Während ich neben ihm saß und heimlich meine Tränen niederschluckte, schüttete mein Vater mir sein Herz aus. Ich wußte nun, daß er vor dem Bankerott stand; aber das war das Schlimmste nicht. In einer schlaflosen Nacht, da er vergebens auf seinem heißen Kissen nach einem Ausweg aus dem Elend gesucht, war ihm die halbvergessene Sage von dem Schatz in unserem Brunnen wieder in den Sinn gekommen. Der Gedanke hatte ihn seitdem verfolgt; tags, wenn er über seinen Büchern saß, des Nachts, wenn endlich ein schwerer Schlummer auf seiner Brust lag. In seinen Träumen hatte er das Gold im dunkeln Wasser brennen sehen; und wenn er morgens aufgestanden, immer wieder hatte es ihn hinaus an den Brunnen getrieben, um wie gebannt in die geheimnisvolle Tiefe hinabzustarren. Da hatte er sich dem argen Gehülfen anvertraut. Aber der war keineswegs sogleich bereit gewesen, sondern hatte vor allem eine bedeutende Summe zu den notwendigen Vorbereitungen des Werkes verlangt. Mein Armer Vater hatte schon keinen Willen mehr; er gab sie hin, und bald eine zweite und dritte. Das Traumgold verschlang das wirkliche, das noch in seinen Händen war; aber dieses Gold war nicht sein eigen; es war das anvertraute Erbe seines Mündels. An Ersatz war nicht zu denken; wir rieten hin und wider; Verwandte, die uns zu helfen vermocht, hatten wir nicht; dein Großvater war nicht mehr; endlich gestanden wir uns, daß von außen keine Hülfe zu hoffen sei.—Das Licht war ausgebrannt, ich hatte meinen Kopf an meines Vaters Brust gelegt, meine Hand ruhte in der seinen; so blieben wir im Dunkeln sitzen. Was dann weiter im geheimen Zwiesprach dieser Nacht zwischen uns gesprochen wurde, ich weiß es nicht mehr. Aber niemals zuvor, da noch mein Vater unfehlbar vor mir stand, wie fast nur unser Herrgott selber, habe ich solch heilige Zärtlichkeit für ihn gefühlt wie in jener Stunde, da er mir eine Tat vertraut hatte, die wohl nicht bloß vor den Augen der Menschen ein Verbrechen war.—Allgemach erblichen am Himmel draußen die Sterne, ein kleiner Vogel sang aus den Holunderbüschen, und der erste Schein des Morgenrots fiel in das dämmerige Zimmer. Mein Vater stand auf und trat an das Pult, auf dem seine großen Kontobücher lagen. Das lebensgroße Ölbild des Großvaters, mit dem Haarbeutel und dem lederfarbenen Kamisol, schien strenge auf den Sohn herabzusehen. "Ich werde noch einmal rechnen", sagte mein Vater, "bleibt das Fazit dasselbe", setzte er zögernd hinzu, indem er wie um Vergebung flehend zu dem Bilde seines Vaters aufblickte, "dann werde ich einen schweren Gang tun; denn ich bedarf der Barmherzigkeit Gottes und der Menschen."

Auf seinen Wunsch verließ ich jetzt das Zimmer, und bald wurde es laut im Hause; der Tag war angebrochen. Als ich die nötigen Geschäfte besorgt hatte, ging ich in den Garten und durch das Hinterpförtchen auf den Weg hinaus; Harre pflegte hier vorbeizukommen, wenn er morgens nach der Werkstatt ging, in der er bis jetzt noch arbeitete.

Ich brauchte nicht lange zu warten; als die Uhr sechs geschlagen, sah ich ihn kommen. "Harre, einen Augenblick!" sagte ich und winkte ihm, mit mir in den Garten zu treten.

Er sah mich befremdet an; denn meine böse Botschaft war wohl auf meinem Gesicht geschrieben; auch stand ich, als ich ihn in eine Ecke des Gartens gezogen hatte, eine ganze Zeit und hatte seine Hand gefaßt, ohne daß ich ein Wort hervorbringen konnte. Endlich aber sagte ich ihm alles, und dann bat ich ihn: "Mein Vater will zu dir gehen; sei nicht zu hart mit ihm."

Er war totenblaß geworden, und in seine Augen trat ein Ausdruck, vielleicht nur der Verzweiflung, der mich erschreckte.

"Harre, Harre, was willst du mit dem alten Mann beginnen?" rief ich.

Er drückte die Hand gegen seine Brust. "Nichts, Agnes", sagte er, indem er mich traurig lächelnd ansah; "aber ich muß nun fort von hier."

Ich erschrak.—"Weshalb?" fragte ich stammelnd.

"Ich darf deinen Vater nicht wiedersehen."

"Du wirst ihm ja doch vergeben, Harre!"

"Das wohl, Agnes; ich schulde ihm mehr als das; aber—er soll sein graues Haupt vor mir nicht demütigen. Und dann"—das setzte er wie beiläufig noch hinzu—, "ich glaube auch, es geht jetzt mit dem Meisterwerden nicht."

Ich sagte nichts hierauf; ich sah nur, wie das Glück, nach dem ich gestern schon die Hand gestreckt, in unsichtbare Ferne schwand; aber es war nichts mehr zu ändern; es war jetzt am besten so, wie es Harre wollte. Nur das sagte ich noch: "Wann wirst du gehen, Harre?" Ich wußte selbst kaum, was ich sprach.

"Sorge nur, daß dein Vater mich heute nicht aufsucht", erwiderte er; "bis morgen früh bin ich mit allem fertig, was ich noch hier zu tun habe. Kränke dich auch nicht um mich, ich finde leicht ein Unterkommen."

Nach diesen Worten trennten wir uns; das Herz war wohl zu voll, als daß wir Weiteres hätten sprechen können."—Die Erzählerin schwieg eine Weile. Dann sagte sie: "Am andern Morgen sah ich ihn noch einmal, und dann nicht mehr; das ganze lange Leben niemals mehr."

Sie ließ den Kopf auf ihre Brust sinken; die Hände, die auf ihrem Schoß geruht hatten, wand sie leise umeinander, als müsse sie damit das Weh beschwichtigen, das, wie einst das Herz des jungen blonden Mädchens, so noch jetzt den gebrechlichen Leib der Greisin zittern machte.

Doch sie blieb nicht lange in dieser gebrochenen Stellung; sich gewaltsam aufraffend, erhob sie sich vom Stuhl und trat ans Fenster. "Was will ich klagen!" sagte sie und zeigte mit dem Finger auf die Scheibe, die ihres Vaters Namen trug. "Der Mann hat mehr gelitten als ich. Laß mich auch das dir noch erzählen."—Harre war fort; er hatte von meinem Vater in einem herzlichen guten Briefe Abschied genommen; gesehen haben sie sich nicht mehr. Bald darauf waren die letzten gerichtlichen Schritte gegen uns getan, und die Eröffnung des Konkurses sollte in nächster Zeit erfolgen.

Es war damals Sitte in unserer Stadt, daß alle öffentlichen Bekanntmachungen nicht wie jetzt durch den Prediger in der Kirche, sondern aus dem offenen Fenster des Ratssitzungssaales durch den Stadtsekretär verlesen wurden; bevor aber dies geschah, wurde eine halbe Stunde lang mit der kleinen Glocke vom Turm geläutet. Da unser Haus dem Rathause gegenüber lag, so hatte ich dies oft beobachtet, und auch, wie sich unter dem Glockenschall Kinder und müßige Leute vor den Rathausfenstern und auf der Treppe über dem Ratskeller versammelten. Das nämliche geschah bei der Publizierung eines Konkursurtels; aber die Leute legten dann der Sache eine üble Bedeutung unter, und das Wort "Die Glocke hat über ihn geläutet", galt für einen Schimpf.—Ich hatte auch in solchen Fällen ohne viel Gedanken hingehört; jetzt zitterte ich vor dem Eindruck, den dieser Vorgang auf das Gemüt meines ohnehin tiefgebeugten Vaters machen würde.

Er hatte mir vertraut, daß er sich deshalb durch einen befreundeten Ratsherrn an den Bürgermeister gewandt habe; und der Ratsherr, ein gutmütiger Schwätzer, hatte ihm die Zusicherung gegeben, daß die Publikation diesmal ohne die Glocke geschehen würde. Ich selbst aber wußte aus sicherer Quelle, daß diese Zusicherung eine grundlose war. Dennoch ließ ich meinen Vater in seinem arglosen Glauben und bemühte mich nur, ihn für diesen Tag zu einer kleinen Reise aufs Land zu unsern Verwandten zu bereden. Aber er wollte, wie er mit schmerzlichem Lächeln sagte, sein sinkendes Schiff nicht vor dem völligen Untergang verlassen. Da, in meiner Angst, fiel mir ein, daß ich in dem hintersten Verschlage unseres sehr tiefen und gewölbten Kellers die Glocke niemals hatte schlagen hören. Darauf baute ich meinen Plan. Es gelang mir auch, meinen Vater zu bereden, mit mir gemeinschaftlich ein Verzeichnis über die dort lagernden Waren aufzunehmen, wodurch, wenn später die Gerichtspersonen zur Aufnahme des Inventars kämen, eine Abkürzung dieses traurigen Geschäfts herbeigeführt würde.

Als die verhängnisvolle Stunde kam, waren wir schon längst unter der Erde bei unserer Arbeit. Mein Vater sortierte die Waren, ich beim Schein einer Laterne schrieb auf ein Blatt Papier, was er mir diktierte. Ein paarmal war mir wohl gewesen, als hörte ich von fern das Summen einer Glocke; dann sprach ich ein paar laute Worte, bis das Schieben und Rücken mit den Fässern und Kisten allen von außen eindringenden Schall wieder verschlang. Alles schien gut zu gehen, mein Vater war ganz in seine Arbeit vertieft. Da hörte ich plötzlich droben die Kellertür aufreißen; die alte Magd rief, ich weiß nicht mehr weshalb, nach mir, und zugleich drangen auch die klaren Schallwellen der Glocke zu uns herab. Mein Vater horchte auf und setzte die Kiste, die er in den Händen hatte, auf den Boden. "Die Schandglocke!" stöhnte er und fiel wie kraftlos gegen die Wand. "Es wird mir nichts erspart."—Aber nur einen Augenblick; dann richtete er sich auf, und ehe ich noch Zeit bekam, ein Wort zu reden, hatte er schon den Raum verlassen, und gleich darauf hörte ich ihn die Kellertreppe hinaufsteigen. Auch ich ging jetzt in das Haus hinauf und fand meinen Vater, nachdem ich ihn vergebens in der Schreibstube gesucht, im Wohnzimmer mit gefalteten Händen am offnen Fenster stehen. In diesem Augenblick hörte das Glockenläuten auf; im Rathaus drüben, das von der hellen Morgensonne beleuchtet war, wurden die drei Fensterflügel aufgestoßen, und ich sah den Stadtdiener die roten Polster auf die Fensterbänke legen; an dem Eisengeländer der Ratstreppe hing schon ein ganzer Schwarm von halberwachsenen Buben. Mein Vater stand unbeweglich und sah mit gespannten Augen zu. Ich wollte ihn mit sanften Worten fortziehen. Aber er wehrte mir. "Laß nur, mein Kind", sagte er, "das geht mich an, ich muß das hören."

So blieb er denn. Der alte Stadtsekretär mit seinem weißgepuderten Kopf erschien drüben in dem Mittelfenster, und während ihm zur Seite zwei Ratsherren auf den roten Kissen lehnten, verlas er mit seiner scharfen Stimme aus einem Blatt Papier, das er in beiden Händen vor sich hielt, das Konkursurtel. Bei der klaren Frühlingsluft drang jedes Wort verständlich zu uns herüber. Als mein Vater seinen vollen Namen über den Markt hinaussprechen hörte, sah ich ihn zusammenzucken; aber er hielt dennoch stand, bis alles vorüber war. Dann zog er seine goldene Uhr, die er von seinem Vater ererbt hatte, aus der Tasche und legte sie auf den Tisch. "Sie gehört zur Konkursmasse", sagte er, "Schließe sie in die Schatulle, damit sie morgen mit versiegelt werde."

Am andern Tage kamen die Herren zur Versiegelung; aber mein Vater konnte das Bett nicht verlassen; er war in der Nacht vom Schlage getroffen worden. —Als einige Monate später unser Haus verkauft war, wurde er in einem Tragkorb, den wir aus dem Krankenhause geliehen, nach der kleinen Wohnung gebracht, die wir am Ende der Stadt für uns gemietet hatten. Dort hat er noch neun Jahre gelebt; ein gelähmter und gebrochener Mann. In seinen guten Stunden besorgte er kleine Rechnungen und Schreibereien für andere; das meiste habe ich mit meiner Hände Arbeit verdienen müssen. Dann aber ist er in fester Hoffnung auf die Barmherzigkeit Gottes in meinen Armen sanft verschieden.—Nach seinem Tode kam ich zu guten Leuten; es war das Haus deiner Großeltern."

Meine alte Freundin schwieg. Ich aber dachte an Harre.—"Und hast du denn", fragte ich, "während der ganzen Zeit auch niemals eine Nachricht von deinem Jugendfreunde erhalten?"

"Niemals, mein Kind", erwiderte sie.

"Weißt du, Hansen", sagte ich, "dein Harre gefällt mir nicht, er war kein Mann von Wort!"

Sie legte die Hand auf meinen Arm. "So darfst du nicht sprechen, Kind. Ich habe ihn gekannt; es gibt noch andere Dinge als den Tod, die des Menschen Willen zwingen.—Aber wir wollen nach meinem Zimmer gehen; du
hast deinen Hut noch dort, und es mag bald Mittag werden."

So schlossen wir denn den einsamen Festsaal wieder ab und gingen denselben Weg zurück, den wir gekommen waren. Diesmal öffnete sich die Tür des Spökenkiekers nicht; nur hinter derselben, auf den sandigen Dielen, hörten wir seinen schlurfenden Schritt.

Als wir in Hansens Zimmer waren, wo noch der letzte Strahl der Vormittagssonne in die Fenster schien, zog sie eine Schublade ihrer Schatulle auf und nahm daraus ein Mahagonikästchen, sauber poliert, aber im

Geschmack einer vergangenen Zeit. Es mochte einst ein Geschenk des jungen Tischlers an einem Geburtstage ihrer Jugend gewesen sein.

"Das mußt du auch noch sehen", sagte Hansen, indem sie das Kästchen aufschloß. Es lagen Wertpapiere darin, welche sämtlich auf Harre Jensen, "Sohn des verstorbenen Tischlermeisters Harre Christian Jensen dahier", lauteten, deren Datum aber nicht über die letzten zehn Jahre hinabreichte.

"Wie kommst du zu diesen Papieren?" fragte ich.

Sie lächelte. "Ich habe nicht umsonst gedient."

"Aber die Papiere lauten nicht auf deinen Namen!"

"Es ist die Schuld meines Vaters, die ich zurückerstatte. Deshalb, und weil mein Nachlaß, wie aller, die hier versterben, an das Stift fällt, habe ich das Geld sofort auf Harre Jensens Namen schreiben lassen."—Einen Augenblick noch, ehe sie es wieder einschloß, wog sie das Kästchen auf der Hand. "Der Schatz ist wieder beisammen", sagte sie, "aber das Glück, mein Kind, das Glück, das einst darin gewesen ist. Das ist nicht mehr darin."

Als sie diese Worte sprach, schoß draußen ein Schwalbenzug mit lautem Geschrei vorüber, und gleich darauf flatterten zwei dieser Vögel bis nahe an die Scheiben und setzten sich dann zwitschernd auf den offnen Fensterflügel. Es waren die ersten Schwalben, die ich in diesem Frühjahr sah.

"Hörst du die kleinen Gratulanten, Hansen?" rief ich, "just zu deinem Geburtstag sind sie heimgekommen!"

Hansen nickte nur. Ihre noch immer schönen blauen Augen blickten traurig auf die kleinen singenden Freunde. Dann legte sie die Hände auf meinen Arm und sagte freundlich: "Geh nun, mein Kind; ich danke allen, daß sie an mich gedacht. Ich möchte nun allein sein."

Es war mehrere Jahre später, als ich mich von einer Reise nach dem mittleren Deutschland auf dem Heimwege nach meiner Vaterstadt befand. Auf einer Hauptstation der Eisenbahn—denn die Zeit des Dampfes war damals schon hereingebrochen—stieg ein alter Mann mit weißem Haar zu mir in das Coupé, worin ich mich bisher allein befunden hatte. Er ließ sich einen kleinen Reisekoffer nachreichen, den ich ihm unter den Sitz schieben half, und setzte sich dann mit den freundlichen Worten: "Wir haben auch noch nie beisammengesessen", mir gegenüber. Als er dies sagte, erschien um den Mund und um die braunen Augen ein Ausdruck der Güte, ich möchte sagen der Teilnahme, der unwillkürlich zu traulichem Gespräche einlud. Die Sauberkeit seiner äußern Erscheinung, die sich nicht bloß in dem braunen Tuchrock und dem weißen Halstuch ausprägte, das feinbürgerliche Wesen des Mannes, alles heimelte mich an, und es dauerte nicht lange, so hatten wir uns in gegenseitige Mitteilungen über unsere Familienverhältnisse vertieft.

Ich erfuhr, daß er ein Klaviermacher und in einer mittelgroßen Stadt Schwabens ansässig sei. Dabei fiel mir eines auf; mein Reisegefährte sprach den süddeutschen Dialekt, und doch hatte ich auf seinem Koffer den Namen "Jensen" gelesen, der meines Wissens nur dem nördlichsten Deutschland angehörte.

Als ich ihm das bemerkte, lächelte er. "Ich mag schon ziemlich eingeschwäbelt sein", sagte er, "denn ich wohne nun seit über vierzig Jahren in diesem guten Lande und habe es in dieser Zeit niemals verlassen; meine Heimat aber liegt im Norden, und daher stammt denn auch mein Name." Und nun nannte er meine eigene Vaterstadt als seinen Geburtsort.

"So sind wir Landsleute so sehr als möglich", rief ich, "dort bin auch ich geboren und eben im Begriff, dahin zurückzukehren."

Der alte Herr ergriff meine beiden Hände und sah mich liebevoll an. "Das hat der liebe Gott gut gemacht", sagte er, "so reisen wir, wenn es Ihnen recht ist, zusammen. Auch mein Ziel ist unsere Vaterstadt; ich hoffe auf ein Wiedersehen dort—wenn Gott es zuläßt."

Ich nahm mit Freuden diesen Vorschlag an.

Nachdem wir den derzeitigen Endpunkt der Eisenbahn erreicht hatten, lagen noch fünf Meilen Weges vor uns, und bald saßen wir zusammen in den bequemen Kissen eines Federwagens, dessen Bedachung wir bei dem schönen Herbstwetter zurückgeschlagen hatten. Die Gegend wurde allmählich heimatlicher; die Wälder verschwanden, bald auch die lebendigen Zäune zur Seite des Weges, ja sogar die Wälle, auf denen sie standen, und die weite baumlose Ebene tat sich vor uns auf. Mein Gefährte blickte still vor sich hinaus. "Ich bin dieser Unendlichkeit des Raumes so entwöhnt", sagte er einmal; "mir ist jetzt hier, als sähe ich nach allen Seiten in die Ewigkeit." Dann schwieg er wieder, und ich störte ihn nicht.

Als wir etwa auf der Mitte des Weges aus einem Dorfe, durch das die Landstraße führte, wieder ins Freie kamen, bemerkte ich, daß er den Kopf vorbeugte und eifrig auszulugen schien. Dann beschattete er die Augen mit seiner Hand und wurde sichtbar unruhig. "Ich sehe doch sonst noch so gut in die Ferne", sagte er endlich, "aber ich bemühe mich umsonst, unsern Turm von hier in Sicht zu bekommen, und doch hab ich ihn in meiner Jugend von hier aus immer zuerst begrüßt, wenn ich von einer Wanderung heimkehrte."

"Sie müssen sich irren", erwiderte ich, "der niedrige Turm kann in solcher Entfernung noch nicht sichtbar sein."

"Niedrig!" rief der Alte fast unwillig, "der Turm hat seit Jahrhunderten auf viele Meilen in die See hinaus den Schiffern zum Wahrzeichen gedient!"

Da fiel es mir bei. "Sie denken am Ende", sagte ich zögernd, "noch an den Turm der alten Kirche, die vor reichlich vierzig Jahren abgebrochen wurde."

Der Alte sah mich mit seinen großen Augen an, als ob ich faselte. "Die Kirche abgebrochen—und vor über vierzig Jahren! Mein Gott, wie lange bin ich fort gewesen; ich habe niemals etwas davon erfahren!"

Er faltete seine Hände und saß eine ganze Weile wie mutlos in sich zusammengesunken. Dann sagte er: "Auf jenem schönen Turm, der also nur in meinen Gedanken noch vorhanden war, habe ich vor nun bald fünfzig Jahren der das Wiederkommen versprochen, um deren willen ich jetzt diese weite Reise mache. Ich will Ihnen, wenn Sie hören mögen, dies Stück meines Lebens mitteilen; vielleicht, daß Sie mir dann über die Hoffnung, die ich hege, eine Auskunft zu geben vermögen."

Ich versicherte den alten Herrn meiner Teilnahme; und während unser Postillion in der warmen Mittagssonne auf seinem Sitze einnickte und die Räder langsam durch den Sand mahlten, begann er seine Erzählung:

"In meiner Jugend hätte ich gern den Weg einer gelehrten Bildung eingeschlagen; da aber nach dem frühzeitigen Tode meiner Eltern die Mittel dazu nicht vorhanden waren, so blieb ich bei dem Handwerk meines Vaters, das heißt, ich wurde Tischler. Schon während ich als Geselle auf der Wanderschaft war, hatte ich nicht übel Lust, mich draußen anzusiedeln; denn es fehlte mir nicht ganz an Mitteln; aus dem Verkauf des väterlichen Hauses war mir ein rundes Sümmchen übriggeblieben, das für den Anfang schon genügte. Aber ich kehrte doch wieder heim, und das geschah um eines jungen blonden Mädchens willen.—Ich glaube nicht, daß ich jemals wieder so blaue Augen gesehen habe. Eine Freundin sagte einmal im Scherz zu ihr: "Agnes, ich pflück dir die Veilchen aus den Augen!" Die Worte hab ich nimmer vergessen können."—Der Alte schwieg eine Weile und blickte verklärt vor sich hin, als sähe er noch einmal in diese Veilchenaugen seiner Jugend. Darauf, während ich fast unwillkürlich den Namen meiner alten Freundin in St. Jürgen bei mir selber sprach, begann er wieder: "Sie war die Tochter eines Krämers, meines Vormundes. Wir wuchsen als Nachbarkinder miteinander auf, während das Mädchen von dem früh verwitweten Vater ziemlich streng und einsam erzogen wurde. Daher mag es gekommen sein, daß sie sich immer mehr dem einzigen Jugendgespielen anschloß. Bald nach meiner Rückkehr waren wir unter uns beiden so gut als verlobt, und es war schon ausgemacht, daß ich in unserer Vaterstadt ein Geschäft begründen sollte, als ich durch einen unerwarteten Zufall mein ganzes kleines Vermögen verlor.—Es kam so, daß ich wieder fort mußte.

Am letzten Tage hatte Agnes mir versprochen, abends noch einmal auf den Weg hinter ihrem Garten hinauszukommen und dort ein letztes Wort mit mir zu reden. Als ich mich aber mit dem bestimmten Glockenschlage einfand, war sie nicht dort. Ich stand lauschend an der Planke unter dem überhängenden Lindengezweig, aber ich wartete vergebens. Das Haus ihres Vaters konnte ich damals nicht betreten; nicht daß ein Zwiespalt zwischen uns gewesen wäre, ich glaube im Gegenteil, daß er mir die Hand seiner Tochter ohne großes Bedenken würde gegeben haben; denn er hielt etwas auf mich und war kein hochmütiger Mann. Es hatte einen andern Grund, den ich nicht gern der Vergessenheit entreißen möchte.—Ich weiß es noch gar wohl. Es war ein dunkler, stürmischer Aprilabend; mehrmals täuschte mich die Wetterfahne auf dem Dache, daß ich glaubte, die mir wohlbekannte Hoftür öffnen zu hören, aber es kam kein Schritt den Gartensteig herab. Noch lehnte ich an der Planke und sah die schwarzen Wolken am Himmel vorüberfliegen; endlich ging ich schweren Herzens fort.—Am andern Morgen hatte es eben fünf vom Turme geschlagen, als ich nach einer schlaflosen Nacht die Treppe von meiner Kammer hinabstieg und von meinen Hauswirten Abschied nahm. In den engen, schlecht gepflasterten Straßen war noch die Dunkelheit und der Schmutz des Winters. Die Stadt schien noch im Schlaf zu liegen; von allen bekannten Gesichtern wollte mir keins begegnen, und so ging ich einsam und trübselig meinen Weg. Da, als ich eben nach dem Kirchhof einbiegen wollte, brach ein scharfer Sonnenstrahl hervor, und das alte Haus der Ratsapotheke, das unten mit seinem Löwenschnitzbild noch in dem Dunst der Gasse stand, war oben mit der Spitze des Treppengiebels auf einmal wie in Frühlingsschein gebadet. Zugleich, als ich eben aufschaue, schallt über mir hoch in der Luft ein langgezogener Ton; dann noch einmal und noch einmal, als riefe es weit in die Welt hinaus.

Ich war auf den Kirchhof hinausgetreten und blickte an dem Turm hinauf; da sah ich oben auf der Galerie den Türmer stehen und sah, wie er sein langes Horn noch in der Hand hielt. Ich wußte es nun wohl; die ersten Schwalben waren gekommen, und der alte Jakob hatte ihnen den Willkommen geblasen und es laut über die Stadt gerufen, daß der Frühling ins Land gekommen sei. Dafür bekam er seinen Ehrentrunk im Ratsweinkeller und einen blanken Reichstaler vom Herrn Bürgermeister.—Ich kannte den Mann und war oft droben bei ihm gewesen; als Knabe, um von dort aus meine Tauben fliegen zu sehen, später auch wohl mit Agnes; denn der Alte hatte ein Enkeltöchterchen bei sich, zu dem sie Pate gestanden und deren sie sich auf allerlei Art anzunehmen pflegte. Einmal, am Christabend, hatte ich ihr sogar ein vollständiges Weihnachtsbäumchen den hohen Turm hinaufschleppen helfen.—Nun stand die wohlbekannte Eichentür offen; unwillkürlich trat ich hinein, und in der Finsternis, die mich plötzlich umgab, stieg ich langsam die Treppen und, wo diese aufhörten, die schmalen leiterartigen Stiegen hinan. Nichts hörte ich als das Rasseln der großen Turmuhr, die hier in der Einsamkeit ihr Wesen trieb. Ich weiß es noch gar wohl, mir grauete dermalen vor diesem toten Dinge, und ich hätte, als ich daran vorbeikam, in die eisernen Räder greifen mögen, nur um es stillzumachen. Da hörte ich den alten Jakob von oben herabklettern. Er schien mit einem Kinde zu sprechen, das er zur Vorsicht ermahnte. Ich rief ihm einen "Guten Morgen" in die Dunkelheit hinauf und fragte, ob er die kleine Meta bei sich habe.

"Bist du's, Harre?" rief der Alte zurück, "freilich, die muß mit zum Herrn Bürgermeister."

Endlich kamen die beiden zu mir herab, während ich seitwärts in eine Schalluke getreten war. Als Jakob mich so reisefertig neben sich sah, rief er verwundert: "Was soll das bedeuten, Harre? Was steigst denn da mit Knüttel und Wachstuchhut in meinen Turm hinauf? Bist doch nicht wieder fremd geworden bei uns daheim?"

"Es ist nicht anders, Jakob", erwiderte ich, "'s wird hoffentlich nicht auf lange sein."

"Hatt's mir ganz anders mit dir ausgedacht!" brummte der Alte. "Nun, wenn's denn einmal sein muß, die Schwalben sind wieder da; es ist jetzt schon die beste Zeit zum Wandern. Und hab auch Dank, daß du noch mal gekommen bist!"

"So lebt wohl, Jakob!" sagte ich. "Und wenn Ihr mich von Eurem Turm herab einmal im hellen Sonnenschein wieder ins Tor hineinwandern seht, so blast auch mir einen Willkommen wie heute Euren Schwalben!"

Der Alte schüttelte mir die Hand, indem er sein Enkelchen auf den Arm nahm.
"Soll gelten, Meister Harre!" rief er lächelnd; er pflegte mich im Scherze so zu nennen. Als ich mich aber anschickte, wieder mit ihm hinabzusteigen, fügte er noch hinzu: "Wenn du einen guten Weg von der Agnes haben willst, sie ist oben, schon seit früh; sie hat noch ihr Gefallen an den Vögelchen."

Wohl niemals bin ich so schnell die letzten halsbrechenden Stiegen hinaufgekommen, obgleich mir der Herzschlag fast den Atem versetzte. Als ich aber oben auf die Plattform und in den blendenden Himmelsschein hinaustrat, blieb ich unwillkürlich stehen und tat einen Blick über das Eisengeländer. Da sah ich unter mir in der Tiefe meine Vaterstadt im ersten Schmuck des Frühlings liegen; überall zwischen den Dächern standen die Kirschbäume in Blüte, welche das warme Frühjahr so zeitig hervorgetrieben hatte. Dort der Giebel, dem kleinen Turme des Rathauses gegenüber, gehörte dem Hause meines Vormundes. Ich sah den Garten, den Weg dahinter; mir quoll das Herz, und von Heimweh überwältigt, mag ich unwillkürlich einen Laut ausgestoßen haben; denn ich fühlte plötzlich meine Hand ergriffen, und als ich aufblickte, stand Agnes neben mir. "Harre", sagte sie, "kommst du noch einmal!" Und dabei flog ein glückliches Lächeln über ihr Gesicht.

"Ich dachte nicht, dich hier zu finden", erwiderte ich, "nun muß ich fort; weshalb hast mich gestern so vergebens warten lassen?"

Da war alles Glück aus ihrem Antlitz verschwunden. "Ich konnte nicht, Harre; mein Vater wollte mich nicht von sich lassen. Später bin ich in den Garten hinabgelaufen; aber du warst schon fort, du kamst nicht; da bin ich heute früh auf den Turm gestiegen—ich dachte, ich könnte dich doch zum Tor hinauswandern sehen."

Die Zukunft lag verworren vor mir, aber doch hatte ich einen Plan gefaßt. Schon früher war ich in einer Klavierfabrik beschäftigt gewesen; nun wollte ich wieder diese Arbeit suchen, um dann mit Hülfe des zu erwartenden Verdienstes vielleicht später selbst ein solches Geschäft zu begründen; denn diese Instrumente begannen schon damals eine große Verbreitung zu finden.—Das alles sagte ich jetzt dem Mädchen, und auch, wohin ich mich zunächst zu wenden beabsichtigte.

Sie hatte sich auf das Geländer gelehnt und wie abwesend in den leeren Himmelsraum hinausgeblickt. Jetzt wandte sie langsam den Kopf zurück. "Harre", sagte sie leise, "geh nicht fort, Harre!"

Als ich sie aber ohne Antwort anblickte, rief sie wieder: "Nein, hör nicht auf mich; ich bin ein Kind, ich weiß nicht, was ich rede." Der Morgenwind hatte ein paar der blonden Haare gelöst und wehte sie über ihr blasses Gesicht, das jetzt geduldig zu mir aufblickte.

"Wir müssen warten, Agnes", sagte ich, "das Glück liegt nun in weiter Ferne; ich will versuchen, ob ich es wieder heimbringen kann. Schreiben werd ich nicht; ich komme selber, wenn es Zeit ist."

Sie sah mich eine Weile mit großen Augen an; dann drückte sie mir die Hand. "Ich warte", sagte sie mit fester Stimme; "geh denn mit Gott, Harre!"

Ich ging noch nicht. Der Turm, der uns beide trug, ragte so einsam in den blauen Ätherraum; nur die Schwalben, auf deren stahlblauen Schwingen der Sonnenschein wie Funken blitzte, schwebten um uns her und badeten in dem Meer von Luft und Licht.—Ich hielt noch immer ihre Hand; mir war, als könne ich nicht fort von hier, als wären wir beide, sie und ich, schon jetzt hinausgehoben über alle Not der Welt.—Aber die Zeit drängte; unter uns schlug dröhnend die Viertelglocke. Da, als noch die Schallwellen den Turm umfluteten, kam eine Schwalbe geflogen, daß sie uns fast mit ihren Flügeln streifte; furchtlos, nur auf Armeslänge von uns, setzte sie sich auf den Rand des Geländers, und während wir wie gebannt in das kleine glänzende Auge blickten, schmetterte sie plötzlich mit geschwellter Kehle ihre Frühlingslaute in die Luft. Agnes warf sich an meine Brust. "Vergiß das Wiederkommen nicht!" rief sie. Da breitete der Vogel seine Schwingen aus und flog davon.—Wie ich durch den dunkeln Turm zur Erde gekommen bin, das weiß ich nicht. Als ich draußen vor dem Stadttor auf der Landstraße war, blieb ich stehen und blickte zurück. Da erkannte ich noch deutlich auf dem von Sonnenglanze umflossenen Turm ihre liebe Gestalt; mir schien, als lehne sie sich weit über den Rand des Geländers hinaus, so daß ich unwillkürlich einen Schreckensruf ausstieß. Aber die Gestalt blieb unbeweglich.

Und endlich wandte ich mich und ging, ohne noch einmal wieder umzusehen, mit raschen Schritten auf der Landstraße fort."

Der Alte schwieg eine Weile. Dann sagte er: "Sie hat vergebens auf mich gewartet; ich bin niemals wieder heimgekommen.—Ich will Ihnen nun erzählen, wie das geschehen konnte.

Meine erste Arbeit fand ich in Wien, wo damals die besten Klavierfabriken waren; von da kam ich nach anderthalb Jahren ins Württembergische, nach meinem jetzigen Wohnort. Ein Nebengeselle von mir hatte dort einen Bruder, von dem er um die Besorgung eines zuverlässigen Gehülfen gebeten war.—Es war ein noch junges Ehepaar, zu dem ich ins Haus kam. Das Geschäft war klein, aber der Inhaber ein freundlicher und geschickter Mann, bei dem ich bald mehr in diesen Dingen lernte als in der großen Fabrik, wo ich immer nur zu einzelnen Arbeiten gelassen wurde. Da ich mich der Sache nach Kräften annahm und doch auch aus meinen Wiener Erfahrungen manches hinzubrachte, so gewann ich bald das Vertrauen dieser guten Leute. Besondere Freude machte es ihnen, daß ich in meinen Freistunden den ältesten ihrer beiden Knaben in der deutschen Sprache unterrichtete; denn ihnen gefiel meine damals noch norddeutsche Aussprache, und sie wünschten, daß die Kinder auch einmal, wie sie meinten, so reines Deutsch sprechen möchten. Bald wurde auch der jüngere Bruder in den Unterricht hineingezogen, und nun blieb es nicht bei der trockenen Grammatik; ich wußte mir Bücher zu verschaffen, aus denen ich ihnen allerlei Unterhaltendes und Wissenswertes vorzulegen pflegte. So kam es, daß auch die Kinder mit großer Liebe an mir hingen. Als ich nach Jahresfrist zum ersten Mal ohne Beihülfe ein Klavier von besonders schönem Klang zustande gebracht hatte, gab es eine Freude im ganzen Hause, als habe der liebste Angehörige sein Meisterstück gemacht.—Ich aber dachte nun an die Heimkehr.

Da erkrankte mein junger Meister. Aus einer Erkältung entwickelte sich endlich ein ernstliches Brustübel, dessen Keim schon lange in ihm gelegen haben mochte. Die Leitung der Geschäfte kam wie selbstverständlich fast ganz in meine Hände. Ich konnte jetzt nicht fort. Dabei sah ich tiefer in die Verhältnisse der Familie, mit der mich eine immer innigere Freundschaft verband. Eintracht und Fleiß wohnten unter ihrem Dache. Aber es war dennoch ein böses Ding, der dritte Hausgenosse, das diese guten Geister nicht zu vertreiben vermocht hatten. In jedem Winkel, wohin nicht gerade die Sonne schien, sah der kranke Mann es sitzen.—Dieses Ding war die

Sorge.—"Nimm den Kehrbesen und feg es weg", sagte ich oft zu meinem Freunde, "ich will dir helfen, Martin!" Dann drückte er mir wohl die Hand, und eine wehmütige Heiterkeit flog für einen Augenblick über sein blasses Gesicht, bald aber sah er wieder die schwarzen Spinngewebe auf allen Dingen.

Leider waren es keine bloßen Hirngespinste. Das Kapital, womit er sein Geschäft begonnen, war von vornherein zu gering gewesen. In den ersten Jahren hatte er durch schlechte Arbeiter Verluste erlitten, die nicht in Rechnung genommen waren, und auch der Absatz der fertigen Ware wollte nicht so rasch erfolgen, wie es solche Umstände erforderten; nun kam ein aussichtsloser Krankheitszustand noch dazu. Auf mir lag endlich nicht nur die ganze Sorge für den Unterhalt der Familie, ich mußte auch noch der Tröster der Gesunden sein. Die Knaben ließen meine Hand nicht los, wenn wir am Bette des Vaters saßen, das er bald nicht mehr verlassen konnte. Bei diesem aber schien das Erlöschen der Körperkraft die Unruhe des Geistes nur zu steigern; grübelnd lag er auf seinem Kissen und baute Pläne für die Zukunft. Mitunter, wenn die Schauer des nahenden Todes ihn anwehten, richtete er sich plötzlich auf und rief: "Ich kann nicht sterben, ich will nicht sterben!" und dann wieder leise mit gefalteten Händen: "Mein Gott, mein Gott, ich will auch, wenn du willst!"

Und endlich kam die Stunde der Erlösung. Wir waren alle an seinem Bette; er dankte mir, er nahm von uns allen Abschied. Dann aber, als sähe er vor sich etwas, vor dem er sie beschützen müsse, riß er seine Frau und die beiden Knaben hastig an sich, blickte sie mit trostlosen Augen an und stöhnte laut. Und als ich ihm zuredete: "Wirf deine Sorgen auf den Herrn, Martin!", da rief er verzweifelnd: "Harre, Harre, das sind nicht mehr die Sorgen, das ist die Armut selbst! Bald wird sie über meine Leiche wegkriechen; mein Weib, o meine lieben Kinder, sie werden ihr nicht entrinnen!"

Es ist ein eigen Ding um ein Sterbebett; ich weiß nicht, ob Sie es kennen, mein junger Freund. Aber in diesem Augenblick versprach ich meinem sterbenden Meister, bei den Seinen auszuhalten, bis das Gespenst, das seine letzte Stunde störte, sie nicht mehr würde erreichen können. Und als ich das versprochen, ließ auch der Tod nicht mehr auf sich warten. Leise schritt er zur Tür herein. Martin streckte die Hand aus; ich meinte, er wolle sie mir noch reichen, aber es war der unsichtbare Bote des Herrn, der sie ergriff; denn ehe ich sie berührte, hatte das Leben meines jungen Meisters aufgehört."

Mein Reisegefährte nahm seinen Hut ab und legte ihn vor sich auf den Schoß; sein weißes Haar wehte in der lauen Mittagsluft. So saß er schweigend, als weihe er diese Augenblicke dem Andenken des längst verstorbenen Freundes.—Ich aber mußte der Worte gedenken, die meine alte Hansen einst zu mir gesprochen: "Es gibt noch andere Dinge als den Tod, die des Menschen Willen zwingen." Es war dennoch der Tod gewesen, der die Lebenden getrennt hatte. Denn es versteht sich, daß ich über die Person dessen, der an meiner Seite saß, nicht mehr in Zweifel sein konnte. Nach einiger Zeit begann der Alte seine Erzählung wieder, indem er langsam sein Haupt bedeckte.

"Ich habe mein gegebenes Wort gehalten", sagte er, "aber da ich es gab, brach ich ein anderes; denn ich habe nun nicht wieder fort gekonnt. Es zeigte sich bald, daß die Verhältnisse noch zerrütteter waren, als ich bisher gewußt. Einige Monate nach dem Tode des Mannes wurde noch ein drittes Kind, ein Mädchen, geboren; unter diesen Umständen eine neue Sorge zu den alten. Ich tat das Meinige; aber Jahr auf Jahr verging, und das Glück wollte immer noch nicht einkehren. Unerachtet ich nicht nur meine ganze Kraft, sondern auch die Ersparnisse der letzten Jahre hingab, gelang es mir noch immer nicht, den Kampf mit jenem Gespenste der Armut siegreich zu beendigen; ich sah es klar, wenn eine auch nur etwas weniger treue und sorgsame Hand an meine Stelle trat, so waren meine Schutzbefohlenen ihm verfallen.

Oft freilich mitten in der Arbeit überfiel mich das Heimweh und nagte und zehrte an mir; mehr als einmal, wenn der Meißel, ohne daß ich darum gewahr wurde, müßig in meiner Hand lag, bin ich erschreckt vor der Stimme der guten Frau zusammengefahren; denn meine Gedanken waren fort in die Heimat, und eine ganze andere Stimme war in meinen Ohren. In meinen Träumen sah ich den Turm unserer Vaterstadt; anfänglich im hellen Sonnenschein, umkreist von einem Heer von Schwalben; später, wenn der Traum mir wiederkam, sah ich ihn schwarz und drohend in den leeren Himmel ragen, der Herbststurm tobte, und ich hörte die großen Glocken anschlagen; aber immer, auch dann, lehnte Agnes oben auf dem Geländer der Plattform; sie trug noch das blaue Kleid, worin sie dort von mir Abschied genommen hatte; nur war es ganz zerrissen, die leichten Fetzen flatterten in der Luft. "Wann kommen die Schwalben wieder?" hörte ich es rufen. Ich erkannte ihre Stimme, aber sie klang trostlos in dem Wehen des Sturmes.—Wenn ich nach solchen Träumen erwachte, so hörte ich wohl im Zwielicht die Schwalben auf der Dachrinne über meinem Fenster zwitschern. In den ersten Jahren hatte ich den Kopf aufgestützt und mir das Herz vollsingen lassen von Sehnsucht und Heimweh; später konnt ich's nimmer ertragen. Mehr als einmal, wenn das Gezwitscher kein Ende nehmen wollte, habe ich das Fenster aufgerissen und die lieben Vögel fortgejagt.

An einem solchen Morgen erklärte ich einmal, daß ich nun fort müsse, daß es jetzt endlich Zeit sei, auch an mein eignes Leben zu denken. Aber die beiden Knaben brachen in laute Wehklagen aus, und die Mutter setzte, ohne ein Wort zu sagen, ihr Töchterchen auf meinen Schoß, das sogleich die kleinen Arme fest um meinen Hals schlang.—Mein Herz hing an den

Kindern, lieber Herr; ich konnte die Kinder nicht verlassen. Ich dachte. "Bleib denn noch ein Jahr." Der Abgrund zwischen mir und meiner Jugend wurde immer tiefer; zuletzt lag alles wie unerreichbar hinter mir, wie Träume, an die ich nicht mehr denken dürfe.—Ich war schon über die Vierzig hinaus, da schloß ich auf den Wunsch der schon herangewachsenen Kinder das Ehebündnis mit der Frau, deren einzige Stütze ich so lange gewesen war.

Und nun geschah mir etwas Seltsames. Ich war der Frau, wie sie es auch gar wohl verdiente, stets von Herzen gut gewesen; nun aber, seit sie mir unauflöslich angehörte, begann in mir ein Widerwille, ja fast ein Haß gegen sie zu wachsen, den ich oft nur mit Mühe zu verbergen wußte. So sind wir Menschen; ich warf in meinem Herzen auf sie die Schuld von allem, was doch nur die Folge meiner eignen Schwäche war. Da führte Gott zu meinem Heil mich in Versuchung.

Es war eines Sonntags in der Hochsommerzeit. Wir machten eine Landpartie nach dem benachbarten Gebirgsdorfe, wo ein Verwandter der Familie wohnte. Die beiden Söhne mit ihrem Schwesterchen waren uns beiden Alten weit voraus; ihr Plaudern und Lachen war in dem Walde, durch den der Weg führte, schon ganz verschollen. Da machte meine Frau mir den Vorschlag, einen ihr bekannten Richtsteig entlang eines Steinbruches einzuschlagen, um so wo möglich den Jungen auf dem Hauptwege noch zuvorzukommen. "Ich bin als Braut mit Martin hier gegangen", sagte sie, als wir seitwärts in die Tannen bogen; "etwas weiterhin pflückten wir damals eine dunkelblaue Blume; ich möchte wissen, ob sie noch dort zu finden ist."

Nach kurzer Zeit hörte an unserer einen Seite der Wald auf, und der Fußweg lief nun dicht an dem Rande des abschüssigen Gesteins hin, während von der andern Seite sich Brombeerranken und anderes Gebüsch dicht herandrängte. —Meine Frau schritt rüstig vor mir auf. Ich folgte langsam und war bald in meine alten Träumereien versunken. Wie die verlorne Seligkeit lag die Heimat vor meinen Sinnen, und grübelnd, aber vergebens suchte ich nach einem Weg dahin. Nur wie durch einen Schleier sah ich, daß es nach dem Bruche zu ganz blau von Genzianen wurde und daß meine Frau sich ein Mal um das andere nach diesen Blumen bückte. Was kümmerte mich das alles!—Da hör ich plötzlich einen Schrei und sehe, wie sie mit den Händen in die Luft greift; ich sehe auch schon, wie unter ihren Füßen das Geröll sich löst und zwischen den Klippen fortpoltert, und zehn Schritt weiter abwärts steht der Fels lotrecht über dem Abgrund.

Ich stand wie gelähmt. Es brauste mir in den Ohren: "Bleib; laß sie stürzen; du bist frei!" Aber Gott half mir. Nur einen Sekundenschlag, da war ich bei ihr; und mich über den Rand des Felsens werfend, ergriff ich ihre Hand und hatte sie glücklich zu mir heraufgezogen. "Harre, mein guter Harre", rief sie weinend, "schon wieder hat deine Hand mich vom Abgrund gerettet!"

Wie glühende Tropfen fielen diese Worte in meine Seele. In all den Jahren war kein Wort der Vergangenheit über meine Lippen gekommen; zuerst aus jugendlicher Scheu, das Heiligste hinauszugeben, später wohl in dem unbewußten Bedürfnis, den innern Zwiespalt zu verhehlen. Jetzt plötzlich drängte es mich, alles ohne Rücksicht zu offenbaren. Und am Rande des Abgrundes sitzend, schüttete ich mein Herz aus vor der Frau, die ich kurz zuvor darin begraben gewünscht hatte. Auch das verschwieg ich ihr nicht. Sie brach in heftige Tränen aus; sie weinte über mich, über sich selbst, am lautesten klagte sie über Agnes. "Harre, Harre", rief sie, aber sie legte ihren Kopf an meine Brust; "das habe ich nicht gewußt, aber es ist nun zu spät, und niemand kann diese Sünde von uns nehmen!"

Es war nun an mir, sie zu beruhigen; und erst mehrere Stunden später trafen wir in dem Dorfe ein, wo unsere Kinder uns schon längst erwartet hatten. Aber seit jener Zeit war meine Frau mit ihrem milden und gerechten Herzen meine beste Freundin und kein Geheimnis mehr zwischen uns. —So gingen die Jahre hin. Allmählich schien sie es vergessen zu haben, daß ich ihre und der Kinder Wohlfahrt mit einem fremden Glück bezahlt hatte, und auch in mir wurde es stiller. Nur wenn im Frühling die Schwalben wiederkamen, oder auch später im Jahr, wenn sie in der Dämmerung noch so allein von allen Vögeln ins Abendrot hineinsangen, dann überfiel's mich mit der alten Pein, und ich hörte noch immer die liebe junge Stimme, noch immer klang es mir in den Ohren: "Vergiß das Wiederkommen nicht!"

So war's auch heuer eines Abends. Ich saß vor unserer Haustür auf der Bank und blickte in den vergehenden Tagesschein, der durch eine Lücke der Straße über den jenseitigen Rebhügeln sichtbar war. Ein Töchterchen unseres jüngsten Sohnes war mir auf den Schoß geklettert und hatte es sich spielmüde in Großvaters Arm bequem gemacht. Bald fielen die kleinen Augen zu, und auch das Abendrot verschwand, aber drüben auf des Nachbars Dach saß noch im Dunkeln eine Schwalbe und zwitscherte leise wie von vergangener Zeit.

Da trat meine Frau aus dem Hause. Sie stand eine Weile schweigend neben mir, und als ich nicht aufblickte, fragte sie mich sanft: "Alter, was ist dir?", und da ich nicht antwortete und nur der Vogelgesang aus der Dämmerung herübertönte: "Ist's denn wieder einmal die Schwalbe?"

"Du weißt's ja, Mutter", sagte ich, "du hast ja allezeit mit mir Geduld gehabt."

Aber ich kannte sie noch nicht ganz; sie hatte mehr als das für mich getan. Sie legte beide Hände auf meine Schultern. "Was meinst?" rief sie, indem sie mich mit ihren alten guten Augen anblickte. "Wir können's jetzt ja leisten, du mußt die Agnes wiedersehen, du hättest ja sonst keine Ruh im Grab bei mir!"

Ich war fast erschreckt durch diesen Vorschlag und wollte Einwendungen machen, sie aber sagte: "Stell's Gott anheim!"—Das hab ich denn getan; und so ist es gekommen, daß ich noch einmal heimkehre; aber wenn wir durchs Tor fahren, der alte Jakob wird wohl nicht mehr blasen."

Mein Reisegefährte schwieg. Ich aber hielt nun nicht länger zurück, denn ich war im Innersten bewegt. "Ich kenne Sie", sagte ich, "ich kenne Sie sehr wohl, Harre Jensen; auch Agnes kenne ich; sie hat viele Jahre im Hause meiner Großmutter gelebt, sie ist mir selbst wie meiner Mutter Mutter. Aus ihrem eignen Munde habe ich alles erfahren, auch das, was Sie verschwiegen haben." Der Alte faltete die Hände. "Großer, gnädiger Gott!" sagte er, "so lebt sie noch und kann mir noch vergeben!"

Mir ahnte wenig, daß ich eine Hoffnung angeregt hatte, deren Erfüllung schon im Reiche der Schatten lag. Ich erwiderte nur: "Sie kannte ihren Jugendfreund; sie hat ihn niemals angeklagt."—Und nun erzählte ich. Er hörte in atemlosem Schweigen und nahm begierig jedes Wort von meinen Lippen.

Da klatschte der Postillion mit seiner Peitsche. Der stumpfe Turm unserer Vaterstadt war am Horizonte aufgetaucht. Als ich mit dem Finger dahin wies, faßte der Alte meine Hand. "Mein junger Freund", sagte er, "ich zittre vor der nächsten Stunde."

Nicht lange, so rasselte unser Wagen über das Steinpflaster der Stadt. Bei dem schönen Herbstwetter waren viele Leute auf den Straßen, und da ich lange fort gewesen, so erhielt ich als allbekanntes Stadtkind fortwährend lebhafte Grüße von den Vorübergehenden. Den fremden Greis an meiner Seite streifte höchstens ein Blick der Verwunderung oder wohl auch der Neugierde. Endlich hielten wir am Gasthofe, und hier dachte ich für heute von meinem Freunde Abschied zu nehmen, denn er wünschte, seinen ersten Gang nach St. Jürgen allein zu machen.

Ein paar Minuten später war ich zu Hause, umringt von Eltern und Geschwistern. "Alles wohl?" war meine erste Frage.

"Du siehst es, hier ist alles gesund", erwiderte meine Mutter, "sonst aber—eine findest du nicht mehr."

"Hansen!" rief ich; denn an wen anders hätte ich denken sollen.

Meine Mutter nickte. "Aber was erschreckt dich so, mein Kind? Ihre Jahre waren daher; heut in der Frühe ist sie in meinen Armen sanft entschlafen."

Ich erzählte, wen ich mitgebracht, in fliegenden Worten, und während alle noch tief erschüttert standen, verließ ich ohne meine Kleider zu wechseln, das Haus; jetzt durfte ich den alten Mann nicht allein lassen. Ich ging zuerst nach dem Gasthofe und, nachdem ich dort erfahren, daß er fort sei, gradeswegs die Straße hinauf nach St. Jürgen.

Als ich dort anlangte, sah ich den Spökenkieker, den der Tod zu verschmähen schien, mitten auf der Straße vor dem Stiftshause stehen. Die Hände auf dem Rücken, wiegte er sich behaglich in den Knien, während er unter dem breiten Schirme seiner Mütze nach dem einen Giebel hinaufstierte. Als ich mit den Augen der Richtung folgte, sah ich dort auf den obersten Treppen, ja sogar auf der Glocke, die oben in der durchbrochenen Mauer hing, eine große Menge Schwalben eine neben der andern sitzen, während einzelne um sie her schwärmten, sich hoch in die Luft erhoben und dann wieder schreiend und zwitschernd zu ihnen zurückkehrten. Einige von diesen schienen neue Gefährten mitzubringen, die dann neben den andern auf den Mauerzinnen Platz zu finden suchten.

Es hielt mich unwillkürlich fest. Ich sah es wohl, sie rüsteten sich zur Reise; die Sonne der Heimat war ihnen nicht mehr warm genug.—Der alte Mensch neben mir riß die Mütze vom Kopf und schwenkte sie hin und her. "Husch!" lallte er, "fort mit euch, ihr Sakermenters!"—Aber noch eine Weile dauerte das Schauspiel dort oben auf dem Giebel. Da plötzlich, wie emporgeweht, erhoben sich sämtliche Schwalben fast senkrecht in die Luft, und in demselben Augenblick waren sie auch schon spurlos in dem blauen Himmelsraum verschwunden.

Der Spökenkieker stand noch und murmelte unverständliche Worte, während ich durch den dunkeln Torweg in den Hof des Stiftes ging.—Der eine Fensterflügel von Hansens Stube stand wie einstens offen; auch das Schwalbennest war noch da. Zögernd stieg ich die Treppe hinan und öffnete die Stubentür. Da lag meine alte Hansen friedlich und still; das Leintuch, womit man sie bedeckt hatte, war zur Hälfte zurückgeschlagen. Auf der Kante des Bettes saß mein Reisegefährte, aber seine Augen waren über den Leichnam weg auf die nackte Wand gerichtet. Ich sah es wohl, dieser starre Blick ging über eine leere ungeheure Kluft; denn am jenseitigen Ufer stand das unerreichbare Luftbild seiner Jugend, das jetzt mit reißender Schnelle in Dunst zerfloß.

Ich hatte mich, anscheinend ohne von ihm bemerkt zu werden, in den Lehnstuhl an das offene Fenster gesetzt und betrachtete das leere Schwalbennest, aus dem noch die Halme und Federn hervorsahen, die einst der nun flügge gewordenen Brut zum Schutze gedient hatten. Als ich wieder ins Zimmer blickte, war der Kopf des alten Mannes dicht über dem der Leiche. Er schien wie sinnverwirrt dies eingefallene Greisenantlitz zu betrachten, das mit dem drohenden Ernst des Todes vor ihm lag. "Könnte ich nur einmal noch die Augen sehen!" murmelte er. "Aber Gott hat sie zugedeckt." Dann, als müsse er es sich beweisen, daß sie es dennoch selber sei, nahm er eine Strähne des grauen glänzenden Haares, das zu beiden Seiten vom Haupte auf das Leintuch herabfloß, und ließ es liebkosend durch seine Hände gleiten.

"Wir sind zu spät gekommen, Harre Jensen", rief ich schmerzlich.

Er blickte auf und nickte. "Um fünfzig Jahre", sagte er, "das Leben ist auch so vergangen." Dann, während er langsam aufstand, schlug er das Laken zurück und deckte es über das stille Antlitz der Toten.

Ein Windstoß fuhr gegen das Fenster. Mir war, als höre ich von draußen, fern aus der höchsten Luftströmung, darin die Schwalben ziehen, die letzten Worte ihres alten Liedes:

Als ich wiederkam, als ich wiederkam,
War alles leer.